AF224673

PLAINTE

DES

MOZABITES

D'EL-KERARA

(District de Ghardaïa)

1889

PLAINTE

DES

MOZABITES D'EL-KERARA

(District de Ghardaïa)

———— ⚹ ————

LOUANGE A DIEU !

A la Seigneurie de l'auguste gouvernement français, et, parmi ses membres, nous nous adressons spécialement à Monsieur le Président de la Chambre des Députés, qui s'applique à assurer pour tous une justice égale, une administration équitable, à contenir les agissements des tyrans et des injustes, comme à protéger efficacement les faibles et les indigents, parmi les sujets de la nation française.

Sur vous tous soit le salut le plus parfait ainsi que les grâces les plus pures !

Vos serviteurs, parmi lesquels se trouvent des enfants, des faibles et des orphelins, appartenant à El-Kerara, district de Ghardaïa, déposent entre vos mains leurs plaintes, relativement aux injustices, à l'oppression, au dédain et à l'humiliation dont ils sont victimes dans leur personne, leurs biens et leur honneur. Nous avons réclamé auprès des autorités locales contre la situation pénible qui nous est faite ; nos instances durent depuis plusieurs années, mais aucune satisfaction ne nous a été accordée ; bien au contraire, les actes injustes contre lesquels nous nous élevons ne font qu'augmenter en rigueur ; l'emprisonnement, les amendes pécuniaires ne font que succéder aux vexations les plus humiliantes à tel point, qu'un homme mourrait plutôt que de chercher à faire respecter ses droits. Cette circonstance explique pourquoi cette pétition ne contient point les noms des plaignants.

Les faits contre lesquels nous réclamons sont dus aux agissements du Chef de notre contrée, Kassi ben Bahoun.

Cet homme, profitant de l'influence du gouvernement français, traite les gens de son pays comme s'ils étaient des esclaves ou des captifs.

Nous allons vous faire connaître la conduite et les antécédents de cet homme, ainsi que ceux de sa famille, depuis l'époque que nous le connaissons, c'est-à-dire depuis soixante ans.

Voici les renseignements que nous pouvons vous donner à ce sujet :

Un complot avait été ourdi à une certaine époque entre les membres de cette famille et la tribu des M'Khalif. Les auteurs du complot étaient venus ensuite à El-Kerara, ils avaient tué les personnes les plus marquantes de la refka de El-Bellat.

Les membres de cette refka, qui avaient été épargnés dans ce massacre, avaient dû prendre la fuite de chez eux, pour se réfugier à Oued-Rhir. Ils avaient sollicité et obtenu l'appui du Chérif, Mohamed ben Abdallah. Ce dernier était venu à El-Kerara et avait demandé aux Ouled-Bahoun de recevoir leurs adversaires en s'engageant à leur accorder la sécurité.

Ils avaient adhéré à cette proposition et promis solennellement qu'aucun mal ne serait fait aux protégés du Chérif, mais huit jours ne s'étaient point écoulés depuis le départ du Chérif, que les Ouled-Bahoun violaient leur serment et usant de perfidie, ils avaient massacré leurs anciens adversaires.

En apprenant cette trahison, le Chérif était venu attaquer El-Kerara, à la tête de nombreuses troupes ; il avait coupé dix mille palmiers environ et levé, sur les habitants de cette localité, dont les biens avaient été pillés, d'énormes contributions destinées à le remplir des frais qu'il avait été obligé de faire durant le siège. Comme conséquence de la trahison des Ouled-Bahoun, les habitants d'El-Kerara étaient tombés dans une situation de pauvreté indescriptible.

De nombreuses personnes, au nombre de cent cinquante environ, avaient succombé dans les attaques contre le Chérif.

Postérieurement aux faits qui viennent d'être exposés, survint dans le pays le nommé Kassi ben Ismaïl, jeune homme réputé pour sa bravoure ; il était surnommé Zarouïl ; c'était sous le règne de Louis-Philippe.

Ce jeune homme, personnage considérable dans le pays, se soumit au gouvernement français, dès qu'il arriva à R'at.

Il avait porté à l'autorité française, en signe de la soummission de ses compatriotes, des présents consistant en défenses d'éléphant.

Il fit cette soumission, ou plutôt, la volonté et le désir de servir le gouvernement français, entre les mains de M. le commandant Mancret.

Vous trouverez trace de ces faits dans les archives du bureau arabe de Laghouat.

L'autorité française avait fait à Kassi ben Ismaïl un accueil bienveillant et l'avait investi comme chef dans le pays.

Mais à ce moment, les Ouled-Bahoun intervinrent pour tuer traîtreusement ce jeune chef et son frère. D'autres personnes furent également tuées avec ces deux victimes.

Le commandant Mancret se transporta dans notre pays à la tête d'une colonne expéditionnaire; il infligea aux habitants une contribution de cinquante mille francs, plus les frais de guerre.

Ces impositions furent acquittées par les plus pauvres parmi les habitants du pays.

A la suite de tous ces faits, des gens de bien de la contrée se réunirent et décidèrent d'un commun accord, que les Ouled-Bahoun seraient sommés de cesser à l'avenir leurs manœuvres coupables où d'avoir à quitter le pays.

Les Ouled-Bahoun résistèrent à l'injonction qui leur était faite, et, avec le concours des Arabes, ils donnèrent carrière à leurs mauvais instincts en semant le trouble dans le pays et en commettant des déprédations de toutes sortes.

Bientôt, les gens du pays se rendirent maîtres des Ouled-Bahoun et les empêchèrent de commettre des actes de terreur.

Mais les Ouled-Bahoun quittèrent le pays et allèrent réclamer la protection des Chaâmba de Metleli. Ils vinrent, avec leurs alliés, attaquer El-Kerara ; ils tuèrent deux-cent-cinquante hommes environ, saccagèrent la ville, détruisirent la moitié des maisons, foulèrent aux pieds tout ce qui est respectable et massacrèrent les enfants en bas âge et les derviches. En un mot, du jour au lendemain, ils jetèrent dans l'humiliation les personnes qui étaient les plus puissantes et dans la misère les gens qui étaient riches ; ils firent de nombreuses veuves ; de leur fait, les habitants du pays avaient été réduits à mendier leur pain quotidien.

Le représentant de l'autorité française, qui vint dans le pays, acquit la certitude que le désordre qui régnait, avait été fomenté par les Ouled-Bahoun et qu'ils étaient les seuls coupables.

Aussi, l'autorité fit-elle arrêter Brahim ben Bahoun et l'envoya en Corse. Les Chaâmba dont il est question ci-dessus, furent aussi recherchés par le gouvernement, mais ils avaient pu se sauver et gagner Sidi-Hamza. Cela remonte à 1861.

Les faits dont nous venons de parler ont été la cause initiale de la révolte de Sidi-Hamza, et de tous les troubles qui se sont produits dans le Sahara depuis cette époque.

Enfin, le M'zab fut pacifié et la tranquillité revint dans le pays,
Plus tard, lorsque Brahim revint de la Corse, où il avait été
interné, il trouva son frère Kassi ben Bahoun, dont les exploits
commençaient à se faire connaître.

Les deux frères allèrent chacun d'un côté de leur contrée
et occasionnèrent tant de troubles que Brahim finit par être
assassiné vers 1878.

Kassi, craignant pour sa vie, fit un voyage à Laghouat et se
présenta, comme s'il était plaignant, devant le dépositaire de
l'autorité dans cette ville. Il demandait alors qu'on vengea
le meurtre dont son frère Brahim avait été victime. Il avait, à
cette occasion, eu recours à des ruses nombreuses. Il fit tant,
et si bien, qu'il finit par tromper le chef de l'autorité française
à Laghouat.

Il rédigea lui-même une lettre et pria le représentant du
gouvernement d'y apposer son cachet, parce que, disait-il, il
voulait faire inviter les notables d'El-Kerara à venir à Laghouat afin qu'il pût s'arranger avec eux sous les auspices du
gouvernement français.

L'écrit par lui dressé ayant été revêtu du cachet de l'autorité,
Kassi ben Bahoun imagina de créer des cavaliers officiels aux-
quels il fit revêtir des habits semblables à ceux des cavaliers
du gouvernement.

Les cavaliers improvisés par lui reçurent des chevaux et
allèrent au M'zab, inviter les notables d'El-Kerara à venir tran-
siger avec lui devant le dépositaire de l'autorité de Laghouat.

Les notables répondirent à cet appel et vinrent à Laghouat.

Kassi demanda alors, au représentant du pouvoir de rete-
nir, pendant quelques temps, les dits notables à Laghouat,
expliquant qu'il irait ensuite avec eux au M'zab pour conclure
l'arrangement. Sa proposition ayant été acceptée, Kassi partit
immédiatement de Laghouat, recruta des Arabes et alla piller
El-Kerara, tuant tous ceux qui s'opposaient à la perpétration
de son crime.

Les mauvais desseins qu'il nourrissait n'ont pu être mis à
exécution, parce que les habitants paisibles d'El-Kerara étaient
venus au devant de lui en offrant des accomodements et leurs
richesses.

Puis Kassi dépêcha une partie de ses contingents arabes et
quelques membres de sa famille, pour aller à la rencontre des
notables qui revenaient de Laghouat.

La bande assaillit ceux-ci qui étaient au nombre de qua-
torze personnes et les mit à mort.

Kassi se fait ensuite remettre, par les héritiers de ceux qui
ont succombé dans ce guet-apens, des biens considérables.

Beaucoup de ces malheureux avaient dû abandonner leur
demeure, parce qu'ils craignaient pour leur propre vie.

Kassi donna ensuite l'ordre aux Arabes de piller les jardins d'El-Kerara et de s'emparer des biens de ses habitants.

Ces pillages se sont continués durant plusieurs années et à partir de ce moment, il put faire lever, à son profit, tous les impôts qu'il voulait.

Cette situation a duré jusqu'à l'installation de l'autorité française à Ghardaïa, c'est-à-dire en 1882.

L'autorité l'investit des fonctions de chef des gens d'El-Kerara.

Profitant de cette nouvelle situation, il s'est affranchi de tout contrôle, ne consultant jamais les notables du pays et agissant d'après ses caprices personnels : quiconque ose manifester un avis contraire à ses vues est malmené, mis à l'amende ou en prison.

Parfois, lorsque le cadhi a statué dans une affaire, la partie condamnée qui veut rendre le jugement du cadhi sans effet, va trouver Kassi et lui donne de l'argent. Kassi intervenant, les jugements rendus ne peuvent être exécutés. Plusieurs décisions judiciaires se trouvent dans cette situation.

Entre autres faits, nous allons exposer le suivant :

Le cadhi de la ville, rendit un certain jour, un jugement qui réintégrait des orphelins dans la possession d'un jardin de palmier qui leur avait été usurpé par un Arabe serviteur de Kassi ben Bahoun.

Fort de la décision de justice, les mineurs étaient allés irriguer leur jardin, mais Kassi avait eu soin de faire partir à leur suite l'ancien usurpateur, en compagnie de quelques malfaiteurs. Les mineurs furent attaqués pendant la nuit et reçurent de violents coups qui leur causèrent de graves blessures.

Quand l'Etat réclame des impôts, Kassi en profite pour faire payer le double de ce qui est dû.

Il se livre avec son neveu et lieutenant (Khalifa) Naçeur ben Brahim, à la vente des armes et minutions de guerre. Ils reçoivent des caisses de ces engins qu'ils débitent aux Arabes.

Ces faits sont notoires chez les habitants d'El-Kerara, mais personne n'ose dénoncer le fait ou le divulguer au représentant de l'autorité, de crainte qu'un châtiment rigoureux ne vienne frapper celui qui prendrait cette initiative.

Il a usurpé de nombreuses propriétés, dont quelques-unes sont encore en sa possession ; il a vendu les autres dont il s'est attribué le prix. Il empêche les gens de restaurer ceux de leurs immeubles qui sont en ruines, parce qu'ils avaient été détruits par ses ancêtres. Il veut, par là, perpétuer le souvenir de ses aïeux et transmettre à la postérité les exploits de sa famille, qui a toujours aimé les troubles et la discorde et a fomenté des guerres dans la contrée.

Bref, les habitants souffrent d'injustices nombreuses et se trouvent sous le joug le plus oppressif.

Cependant, ils étaient si heureux lorsque le gouvernement français, vint s'installer chez nous. Ils croyaient alors que l'arbitraire d'autrefois allait enfin disparaître. Hélas ! non seulement le gouvernement n'a point mis un terme aux actes injustes qui se commettaient avant son avènement, mais il a livré les populations au bon plaisir de cet homme, qui est en train de les dépouiller et de causer leur ruine, plus qu'il ne pouvait le faire autrefois. Car autrefois, les gens étaient libres et avaient peur les uns des autres ; tandis qu'ils sont aujourd'hui sous la dépendance d'une autorité à laquelle ils doivent le respect, et qui, cependant, ne fait rien pour les soustraire au mal que cet homme leur fait endurer.

Il n'a même plus aucun scrupule et son audace va même jusqu'à lui faire ouvrir les lettres des particuliers, arrivant par la poste. Il les lit et les déchire quand ces lettres sont adressées à des gens qu'il n'aime pas.

En un mot, si nous voulions dévoiler les méfaits que cet homme commet journellement, il nous faudrait écrire des volumes.

Les injustices de cet homme se renouvelant sans cesse depuis si longtemps, sans qu'il ait été en notre pouvoir de les empêcher, les notables de la ville ont dressé la liste des sommes recouvrées par lui durant deux ou trois ans. Ils ont constaté qu'il avait encaissé cinquante mille francs environ, indépendamment des impôts et des sommes reçues secrètement et que la plupart des gens ne connaissent pas.

Or, cet homme, qui dépense sans compter, est aujourd'hui à la tête d'une fortune de deux cent mille francs environ ; il a fait cette fortune depuis qu'il est en fonctions seulement ; car, avant cette époque, il était pauvre et ses ressources n'arrivaient pas au chiffre de mille francs.

Puis, les notables sont allés trouver Kassi ben Bahoun, lui ont reproché ses actes et l'ont mis en demeure de leur donner des comptes sur les actes de son administration (des biens). Kassi leur a répondu par des menaces.

Une pétition fut aussitôt dressée et signée de quatre-vingts personnes. Elle signalait au commandant supérieur de Ghardaïa les agissements de Kassi ben Bahoun.

M. Crochat, chef du bureau arabe, fut délégué pour instruire cette plainte. Il vint à El-Kerara et prit des renseignements auprès des habitants. Il reconnut, à la suite de son instruction, le bien fondé de la plainte et la réalité des faits imputés à Kassi.

Le chef du bureau fit alors venir le cadhi ainsi que Kassi ben Bahoun, et invita celui-ci à embrasser la tête du cadhi. Kassi s'exécuta sur le champ, après quoi, il dit au cadhi : « Nous voudrions prendre un café dans votre maison. »

Ils partirent tous ensemble, allèrent chez le cadhi et prirent le café. La demande du chef du bureau arabe, au cadhi, pour lui offrir le café, était une ruse concertée entre Kassi et lui, afin de jeter la division dans les masses et d'intimider les gens en leur laissant croire que le cadhi et le caïd étaient réconciliés, car un accord de ce genre peut inspirer de légitimes craintes, relativement aux biens des orphelins.

Le chef du bureau arabe s'en retourna sans avoir pris aucune décision à l'égard des réclamations faites par les masses. On lui demanda justice. Il répondit qu'il appartenait au gouvernement de demander des comptes au caïd Kassi.

Les droits des orphelins sont ainsi sacrifiés au profit de Kassi et du chef du bureau arabe.

Celui-ci envoya, quelques temps après, à El-Kerara, un officier nommé de Chouk, qui resta dans notre pays plusieurs années. Cet officier convint avec Kassi qu'il le vengerait de tous ceux qui avaient réclamé contre lui. Kassi inventait des motifs pour faire punir ses ennemis, induisait l'officier en erreur et obtenait de lui, soit l'incarcération de ceux qu'il voulait perdre, soit des amendes qui leur étaient infligées.

Cependant, Chouk peut être excusable d'avoir agi comme il l'a fait. Il a quitté sa patrie pour venir dans nos parages. Cette considération pouvait l'obliger à se rendre aux passions du chef du pays où il se trouvait.

Dans le courant de la même année 1886, un savant du M'zab, le cheikh Theffich, étant de retour du Hedjaz, arriva dans notre pays. Il était muni d'une lettre de M. le gouverneur général de l'Algérie, recommandant à tous ceux chez qui ce savant viendrait à passer, de le recevoir avec égards et d'accéder à ses désirs.

Les gens d'El-Kerara allèrent solliciter du chef du bureau arabe de Ghardaïa, nommé de Bertir, la délivrance d'une certaine quantité de poudre et l'autoritation de donner, en l'honneur du docte visiteur, une fête du genre de celles qui se donnent en pareille circonstance, dans la contrée du M'zab.

Le chef de Ghardaïa ayant accueilli cette demande, les gens d'El-Kerara donnèrent la fête en question, escortèrent ce cheikh jusque dans sa ville natale, à 90 kilomètres environ, au delà d'El-Kerara, dans l'oasis du M'zab et rentrèrent chez eux.

Le caïd Kassi et l'officier Chouk, prenant prétexte de la poudre que l'on avait fait parler, en vertu d'une autorisation du commandant supérieur de Ghardaïa et alors que cela n'était d'aucun préjudice pour l'Etat, arrêtèrent les notables d'El-Kerara qui s'étaient plaints la première fois. Vingt hommes furent incarcérés à cette occasion, et l'on infligea, à chacun d'eux, une amende de cinquante francs, sans jugement. Ces pauvres malheureux furent installés au centre des Ksour du M'zab et obligés à casser des pierres. Toutes ces rigueurs

avaient seulement pour but d'effrayer les gens et de les empêcher de se plaindre pour faire valoir leurs droits.

Parmi les personnes traitées aussi durement, se trouvait un
membre du tribunal d'appel de Ghardaïa ; les autres
étaient des personnages considérables, influents et très
âgés. Ce sont d'anciens commerçants, qui ont trafiqué en Algérie et qui n'auraient jamais encouru ni amende, ni emprisonnement.

En un mot, qu'il soit bien connu du gouvernement français
que les richesses de ce caïd ont acquis une importance considérable ; qu'elles sont le fruit des exactions commises par
ce fonctionnaire au détriment des malheureux ; que les gens
du pays sont actuellement dans une misère telle, qu'ils ne
peuvent plus trouver à emprunter au 30 pour cent, alors
qu'autrefois, on trouvait en abondance de l'argent au taux
de 8 pour cent.

Cette misère ne peut être attribuée qu'à l'administration
néfaste de Kassi ben Bahoun, car, tout le monde sait que les
Mozabites sont très sobres et se nourrissent d'orge et de dat-
tes. Les habitants d'El-Kerara ne peuvent lutter davantage,
contre la situation malheureuse dans laquelle ils se trouvent.

Dans une position aussi critique, nous nous réfugions auprès de Dieu et de votre justice, Monsieur le Président.

Nous attendons avec confiance que l'ère de la délivrance
arrive et que la justice apparaisse par l'effet de votre gouvernement compatissant.

Si cet espoir est déçu, ceux des habitants d'El-Kerara qui
ont des moyens seront contraint de s'expatrier avec leurs
femmes et leurs enfants ; quand aux autres, ils devront se ré-
signer à leur malheureux sort, jusqu'à ce que la mort vienne
les délivrer.

Mais ils sont convaincus que la sollicitude du gouvernement ne leur fera pas défaut, car vous avez pour principe,
non de favoriser telle personne ou telle autre en particulier,
mais de chercher à faire du bien à tous vos administrés, en
prenant en considération les aspirations des masses et le
sort des indigents et des veuves, auquel vous compatissez.

Nous désirons instamment, dans le cas où il serait décidé
qu'une information serait ouverte pour vérifier les faits con-
tenus dans cette pétition, que l'enquête ne soit pas confiée
aux autorités de Ghardaïa.

A vous d'apprécier et de décider souverainement.

Et le salut de la part de vos serviteurs et enfants, les habitants d'El-Kerara, cercle de Ghardaïa.